EDICT DU ROY,

CONTENANT REVOCATION ET SUPRESSION

des huict Bureaux d'Elections, establis en la Generalité de Guyenne par Edict du mois de Ianuier 1603. Reiglemens faicts au Conseil d'Estat, pour l'imposition, assiete, & despartement des deniers Royaux & autres, Arrests dudit Conseil, sur ladite suppression, & liquidation du remboursement des Officiers desdictes Elections, auec les verifications en la Chambre des Comptes à Paris, Cour de Parlement de Bourdeaux, Cour des aydes de Montpelier & au Bureau des Finances de ladite Generalité de Guyenne, & autres expeditions concernant ladite suppression.

A AGEN,

Par Antoine Pomaret, 1612.

EDICT DV ROY, CONTENANT reuocation & suppression des huict Bureaux d'Election, de la Generalité de Guyenne, leu publié & registré en la Chambre de Comptes à Paris, Cour de Parlemẽt de Bordeaux, Cour des aydes à Montpelier, & Bureau des Tresoriers generaux de France en Guyenne.

LOVYS par la grace de Dieu Roy de Frãce & de Nauarre; A tous presens & à venir, Salut. Le feu Roy nostre tres-honoré Seigneur & pere, que Dieu absolue, ayant receu plusieurs plaintes des charges, foules & oppressions tres-grandes que ses pauures subiects habitans ez pays, Seneschaucées & Iugeries de Rouergue, Quercy, Agenois, Condomois, Astarac, Bazadois, Armagnac, Riuiere-Verdun, Comenge & les Lannes, souffroient journellemẽt, au moyẽ de la licence que les gens des trois Ordres, Syndics, Iurats, Consuls & Communautez desdits pays auoint prinses de faire des impositions de leur authorité priuée, & adjouster à celles portées par nos commissions telles sommes que bon leur sembloit, lesqueles estoient le plus souuent employées en despences non necessaires, Comme aussi de l'inegalité ordinairement pratiquée en leurs departemens. Nostredit feu Seigneur & pere, desirant apporter vn remede cõuenable à ce mal,

en

en voulut particulierement sçauoir la qualité : Et à cet effect enuoya des Commissaires sur les lieux pour s'en informer, & luy en donner aduis; Surquoy ayant ouy leur rapport, & sçeu que ses desordres estoient capables de ruiner entieremeut ledit pays, Pour ces considerations & autres desduites en son Edict du mois de Ianuier mil vj. cens trois, Il auroit par iceluy crée & estably esdits pays & Seneschaucées, huict Sieges d'Elections, composé chacun de trois Esleus, vn Contrerolleur, vn Procureur pour nous, vn Greffier, & quatre Sergens, pour estre dores en la procede à l'Assiette & despartement desdites Tailles, leuées & impositiõs, ainsi qu'aux autres Eslections, & qu'il est porté par le susdit Edict. Et bien que les gens des trois Ordres dudict pays ayent en diuerses leurs Remonstrances recogneu que les causes de ladicte erection estoient iustes, parce qu'en effect lesdits abus c'estoient introduicts en diuers endroicts dudict pays soubs la confusion des troubles passez. Ce neantmoins protestans de n'y jamais plus retomber, ils n'ont depuis cessé de presenter plusieurs Requestes & supplications pour obtenir la suppression desdits Offices. Ayans mesmes tout ressentement depputé par deuers nous, vn bon nombre des plus notables de tous lesdicts Ordres. Par lesquels ils nous ont tres-humblement fait supplier leur vouloir accorder ladite suppression, moyenãt le remboursement qu'ils offrent faire de la finance payée par les Officiers, frais & loyaux cousts, & soubs la promesse expresse par eux faicte, qu'obtenant ceste grace, ils se comporteront à l'aduenir, tant en en l'Assiette desdites Tailles, leuées & impositions, qu'en toutes leurs assemblées & autres actions, de sorte que nous aurons subject d'en demeurer contens & satisfaicts. Nous sur l'esperance qu'ils ne manqueront d'accomplir ce qu'ils promettent, les voulans gratifier en cest endroit, & leur faire ressentir des effects de la douceur & fauorable traictement que nous subjects doiuent esperer de la bonté de nostre naturel. A CES CAVSES, & autres à ce nous mouuans, apres auoir faict mettre cest affaire en deliberation dans nostre Conseil, où estoit la Royne Regẽte nostre treshonorée Dame & mere, les Princes de nostre sang, plusieurs autres Princes, Prelats, Officiers de nostre Couronne, & Seigneurs de nostre dict Conseil, Nous par leur aduis, & de nostre certaine sciẽce, grace speciale, plaine puissance

ſance & authorité Royale, Auons leſdits ſieges delections de Condomois,
Aſtarac, Bazadois, Armaignac, Agen-
nois, les Lannes, Comenge, Riuiere-
Verdun, Quercy, Rouërgue, enſemble
les Offices d'Eſleus, Contrerolleurs,
nos Procureurs, Greffiers & Sergens
crées par le ſuſdict Edict du mois de
Ianuier an ſix cens trois, eſtaints & ſup-
primez, eſteignons & ſupprimons par
ce preſent noſtre Edict perpetuel & ir-
reuocable, ſans qu'ils puiſſent par cy-
apres eſtre reſtablis, ny aucuns pour-
ueus deſdits Offices, pour quelque cauſe & occaſion que ce ſoit : caſſant & re-
uoquant à cet effect toutes & chacunes
les lettres de prouiſion, Arreſts de re-
ception, & autres actes expediés auſdits Officiers. Voulons que les deniers
de nos tailles, & autres dont la leuée
ſera cy-apres ordõnée ſur leſdits pays,

ſoint

ſoint aſſis & impoſez comme il ſe faiſoit d'ancieneté, & qu'il eſt porté par le reglement que nous en auons faict dreſſer; a la charge toutesfois de ſe cõporter eſdites impoſitions & en leurs aſſemblées, ſelon qu'il eſt preſcrit par le ſuſdit reglement, & qu'ils ſont obligez de faire pour le bien de noſtre ſeruice & vtilité publique, enſemble de rembourſer actuellement les ſuſdicts officiers de la finance par eux payée pour la compoſition de leurs offices, frais & loyaux couſts, ſuiuant leurdit offre, & la liquidation qui en a eſté faicte par Arreſt de noſtre Cõſeil du douzieſme Feurier dernier, juſques auquel rembourſement ne voulons que leſdits officiers puiſſent eſtre depoſſedez de leurs offices, ny aucunemẽt empechez en la fonction d'iceux; comme auſſi eux eſtans rembourſés ne pourront en

B

apres s'entremettre de les exercer en quelque façon que ce soit: Ce que nous leurs deffendons à peine de faux, a la charge aussi que nos subjects des trois ordres desdits pays & communautez ne feront à l'aduenir aucunes impositiõs ou leuees de deniers pour quelque cause & occasion que ce soit, si ce n'est par nostre expres commandement, & en vertu de nos lettres patentes seellees de nostre grand seau, ainsi qu'il est porté par le susdit reglement, à peine d'estre descheus de l'effect de ceste nostre presente grace, & aux cõtreuenans d'estre punis & chastiez selon la rigueur de nos ordõnances. SI DONNONS EN MANDEMENT à nos amez & feaux Cõseillers les gens tenãs nostre Cour de Parlemẽt à Bourdeaux, Cour des aydes à Montpelier, Tresoriers generaux de France és generalitez de Guyenne &

Langue

Languedoc, Bailifs, Seneschaux, Iuges, leurs Lientenans & autres nos Iusticiers & Officiers chacun endroit soy, si comme à luy appartiendra, que ce present nostre Edict ils facent lire, publier, enregistrer, garder, obseruer, & inuiolablement entretenir de poinct en poinct selon sa forme & teneur, sans permettre y estre contreuenu en aucune maniere, nonobstant quelconques Edicts, Ordonnances, Mandemens, deffences & lettres à ce contraires, ausquelles & aux derogatoires des derogatoires y contenuës nous auons pour les considerations, & de la mesme puissance que dessus derogé & derogeons : Et à fin que ce soit chose ferme & stable à tousjours, nous auons faict mettre nostre seel à cesdites presentes, sauf en aucunes choses nostre droit & l'autruy en toutes. Donné à Paris au mois de Feurier l'an de grace, mil ſix cens vnze, & de noſtre regne le deuxieſme.

Signé, LOVYS.

Et ſeellees du grand ſeel de cire verte, ſur double queuë, de ſoye verte & rouge.

Et ſur le reply. Par le Roy eſtant en ſon Conſeil la Royne Regente ſa Mere preſente.

Phelipeaux, VISA.

Contentor, Signé, DE AGEANT.

Er ſur ledit Reply eſt auſſi eſcript,

Regiſtrees en la Chambre de Comptes, ouy & ce conſentant le Procureur General du Roy, pour iouir par les impetrans de l'effect & conteneu en icelles

les, ſuiuant l'Arreſt de ce faict le neufuieſme iour d'Auril mil ſix cens douze,

Signé, BOVRLON.

Les preſentes auec les Arreſts du Conſeil d'Eſtat, y mentionnez, ont eſté leües publiees, & enregiſtrees en la Cour des aydes à Montpelier, ouy & conſentant le Procureur General du Roy, pour iouyr par les impetrans de l'effect deſdites lettres, ſuiuant leur forme & teneur, & aux charges portees, tant par icelles que par l'Arreſt du Cõſeil de ſa Majeſté, portant rambourſement auſdits Eſleus, faict audit Montpelier, le tretſieſme iour d'Auril mil ſix cens douze.

Signé, MASSILIAN.

Regiſtrees auec les Arreſts & reiglement du Conſeil Priué, ſuiuant l'Arrest de la Cour, huy donné à Bourdeaux en Parlement, le quatriesme de Iuin mil six cens douze.

Signé, DE LA BVRTE.

Registrees au Bureau des Finances en Guyenne à Bordeaux, suiuant l'ordonance sur ce faicte, ce iourd'huy dix-huictiesme de Iuin mil six cens douze.

Signé, DE LACHEZE.

Et au dos est escript, Registrata.

ARREST DONNÉ SUR ladite ſuppreſſion.

Extraict des regiſtres du Conſeil d'Eſtat.

SVR les remonſtrances faictes au Roy en ſon Conſeil, tant par les depputez de Guyéne en general, que ceux des Seneſchaucees & Iugeries de ladite prouince en particulier, tendant à ce que pour les cauſes & conſiderations y contenues, il pleuſt à ſa Majeſté reuoquer & ſupprimer les Offices des huict eſlections nouuellement crees en ladite prouince & les maintenir

tenir en l'estat & forme accoustumée pour le regard de l'imposition & despartement des deniers de sadite Majesté, attendeu que l'establissement desdites eslections est du tout à la charge & oppression dudit pays, pour les grandes despenses qu'elles apportent annuellement tant en gages & taxations, qu'autres droicts & frais qu'ils sont constraincts, & necessités de supporter à cause desdits Officiers, oultre qu'ils sont inutils, estant les tailles reelles en ladite prouince, joinct que semblable reuocation auroit esté plusieurs fois accordee par les Roys predecesseurs de sa Majesté mesmes par François premier, Henry second, Henry troisiesme, & Henry quatriesme, sur les plainctes & instances des subjects dudit pais, offrans lesdits supplians rembourser tous les Officiers desdites eslections de la fi-

nance

nance qu'ils ont actuellement payee aux parties casuelles, sans fraude, ny desguisement, & obseruer les reiglemens qu'il plairra a sadite Majesté ordonner pour retrancher les abus qu'on dit auoir esté commis ez annees dernieres, sur l'imposition & leuee de ses deniers en ladite prouince de Guyenne. Veu lesdits Edicts de suppression des eslections cy-deuãt establies tant en ladite prouince en general qu'en quelques vnes des receptes d'icelles en particulier, donnés par les Roys sus nommés, en dacte des premier Auril 1548. 11. Mars 1556. du mois d'Auril 1578. Iuillet 1582. & Auril 1597. & appres que lesdits supplians ensemble aucuns Esleus desdites eslections au nom de tous ont esté plusieurs fois ouys & tout considere.

Le Roy estant en son Conseil auquel estoit la Royne Regente sa mere plusieurs Princes, du sang & autres grands & notables personnages, & pour certaines causes & considerations à ce le mouuans, à reuoqué & reuoque l'Edit du mois de Ianuier 1603. portant creation & erection desdites huict eslections, supprimé & supprime tous lesdits esleus & autres officiers d'icelle apres toutesfois qu'ils seront actuellement rambourses tant de la finance payee en ses coffres, que de leurs frais & loyaux cousts, suiuant la liquidation qui en sera faicte en sondit Conseil, & ce faisant sa Majesté enjoinct tres-expressement à tous ses subjects desdites Seneschaucees & Iugeries, soit de ses officiers ou autres de garder & obseruer entierement les reiglemens qui seront faicts en iceluy tant pour la forme & tenüe des estats & assemblees,

que

que pour le despartement, imposition, & leuee de ses deniers & autres que seront imposez par vertu de ses lettres patentes seellees de son grand seau, sans lesqueles sadite Majesté faict tres expresses inhibitions & deffences de faire aucune leuee de deniers pour quelque cause & occasion que ce soit, le tout à peine d'estre descheus de la grace que sa Majesté leur faict de ladite suppression & reuocation, & d'encourir la rigeur de ses ordõnances. Faict au Conseil d'Estat du Roy, la Royne Regente sa mere y estant, à Paris le douziesme jour de Feurier mil six cens vnze signé Phelipeaux.

ARREST DONNE' SVR la liquidation dudit rambourſement.

Extraict des regiſtres du Conſeil d'Eſtat du Roy.

VR la Requeſte preſentée au Roy en ſon Cōſeil par les officiers des huict Eſlections de Guyenne, tendant à ce qu'ayant ſa Majeſté pour certaines conſiderations reſoleu la ſuppreſſion de leurs offices, il luy plaiſe ordonner qu'ils jouiront d'iceux iuſques a l'actuel & entier rambourſement de ce qu'ils en ont payé, enſemble de leurs frais & loyaux couſts, ſuiuant la liquidation

dation qui en ſera faicte par les Commiſſaires qu'il plairra à ſa Majeſté depputer,& en ce faiſant qu'ils ſerõt payés par les gens des eſtats dudit pays de ce qui ce trouuera leur eſtre deu, & quils ne ſoint comprins au deſpartement & cottiſations qui ſeront faictes tant a cauſe de ladite ſuppreſſion, que liquidation de leurs frais. Veu ladite requeſte, eſtat preſenté par leſdits ſuppliãs de ce qu'ils ont desbourſé pour raiſon de leurſdits offices frais & loyaux couſts, autre eſtat baillé par Me. Anthoine Fumoſe & Pierre Iacquet cõtenant les ſommes pour leſquelles ils ont vendeu iceux offices, Veu auſſi les conſentemens & accords faicts entre les deputez de Guyēne & leſdits ſuppliãs pour raiſon de ladite liquidation pardeuãt leſdits ſieurs Commiſſaires à ce depputés, & ouy leur rapport. LE ROY en ſon Conſeil ou assistoit la Royne Regente sa Mere, à ordonné & ordonne que lesdits supplians jouiront de leursdits offices jusques a l'actuel & entier rem boursemét d'iceux, frais, & loyaux cousts, lesquels ont esté liquidés du consentement desdites parties en la forme & maniere que s'ensuit, A sçauoir aux officiers de l'Eslection de Rouergue la somme de trente six mil liures, suiuant l'Estat baillé par lesdits Fumose & Iacquet, & le contract par eux passé auec Me. Antoine Guaribal, Plus a Me. Geraud de Rabastens, François Fizal Esleus, François Molinery Procureur du Roy, & Anthoine Chabert Greffier en ladite eslection la somme de trois mil neuf cens liures qu'ils ont payee de plus audit Guaribal & a Mes. Iean de Maritan & Pierre Pomeirol associez suiuant leurs contracts, Plus a chacun des

officiers

officiers de ladite eslection pour leurs receptions la somme de cinq cens liures, reuenāt pour cinq officiers qui ont esté seulemēt receus à la sōme de deux mil cinq cens liures, & pour le voyage dudit Rabastens la somme de huict cens liures. Aux officiers de l'eslection de Condomois, Astarac, & Bazadois, autres que Bacoue contrerolleur suiuant l'estat desdits Iacquet & Fumose, la somme de vint neuf mil' deux cens vingt liures, Plus audit Bacoue contrerolleur la somme de huict cens liures seulement surce qu'il a payé de plus de son office de Contrerolleur & Greffier en ladite eslection, Plus ausdicts six officiers pour leurs receptions à chacun la somme de quatre cens liures qui font deux mil quatre cens liures, & pour le voyage de Maistre Nicollas de l'Aubigeois, Iean de Long & Gedeon Met-

tayer

tayer sçauoir audict l'Aubigeois tant pour son voyage que autres frais & desdomagement par luy pretendeus la somme de huict cens liures, audit Dulong pour son voyage la somme de quatre cens liures, & audit Mettayer la somme de deux cens liures. Aux officiers de l'eslection d'Armagnac suiuãt ledit estat la somme de trente vn mil cinq cens liures, Plus pour leurs fraix de leurs receptions à chacun officier qui sont six, la somme de cinq cens liures, & pour le voyage de Maistre Frãçois Secousse depputé de ladite eslection la somme de cinq cens liures. Aux officiers de l'Eslection de Riuiere Verdun suiuãt ledit estat la sõme de vingt cinq mil liures, Plus a Maistre d'Asquier cõtrerolleur la sõme de deux mil cinq cens liures pour le surplus de la composition dudict office auec Iean Benoist

Benoist lors pourueu dudit office, Plus pour les frais de leurs receptions à chacun officier la somme de cinq cens liures reuenant pour six à la somme de trois mil liures, & pour le voyage de Maistre Iean Champie depputé de ladite eslection la somme de sept cens vingt liures. A Maistre Iean Therery l'vn des Esleus de Comenge, la somme de quatre mil quarante liures dix sols contenue en ses quittances, Plus la somme de cinq cens liures à luy accordee pour la poursuitte & frais par luy faicts en l'annee mil six cens huict pour faire remettre au Conseil les prouisions des officiers de ladite eslection que Maistre François de Combis tenoit en blanc au nom dudit pays, Plus autre somme de cinq cens liures pour son voyage comme depputé de ladite eslection & outre ce a luy & a chacun des officiers d'icelle qui sont six la somme de quatre cens liures pour les frais de leurs receptions n'escheant aucun remboursement pour le prix principal de leurs offices aux autres officiers attendeu que les Sieurs de Pegulhan & de Taurignan depputez dudit pays ont faict apparoir iceux offices auoir esté acheptez des deniers d'iceluy, & l'argent baillé pour ce faire audit de Combis, & declaré que le Sieur Euesque de Lombes auroit consenty à la composition faicte par ledit Therery auec ledit de Combis de sondit office, pardeuers lequel de Combis les autres officiers ce retireront pour leur remboursement, ensemble ledict de Therery pour le surplus de ce qu'il a payé de sondit office. Aux officiers de l'eslection de Quercy suiuant l'estat dudit Iacquet & Fumose, la somme de

trente

trente quatre mil liures & a chacun desdits officiers qui sont six pour leurs receptions la somme de quatre cens liures, qui font deux mil' quatre cens liures, Aux officiers de l'esllectiõ d'Agenois suiuant ledit estat la somme de trente cinq mil' cinq cens liures, & a chacun desdits officiers estant six pour leurs receptions la somme de quatre cens liures, Aux officiers de l'esllection des Lannes suiuãt ledit Estat la somme de vingt-quatre mil' sept cens liures, & a chacun desdits officiers qui sont pareillement six pour leurs receptions la somme de quatre cens liures. Toutes lesqueles sommes cy dessus liquidees les gens des Estats desdites huict esllections sont condemnez payer ausdits officiers en la forme susdite, suiuant les accords & conuentions particulieres qui en ont esté faictes entre eux, &

pour ceste fin obtiendront lettres d'assiete, sans que lesdits officiers puissent estre compris aux cottisations & despartemens qui se fairont pour raison dudit remboursement, frais, voyages & poursuittes faictes contre eux, ou autres pour raison de ladite suppression. Faict au Conseil d'Estat du Roy tenu à Paris, la Royne Regente sa Mere presente, le douziesme iour de Feurier mil six cens vnze,

Signé, PHELIPEAVX.

REIGLE

REIGLEMENS FAICTS AV CONSEIL D'ESTAT, SVR la forme des assemblees assiete, imposition, & leuee des deniers du Roy, & autres impositions.

REIGLEMENT que le Roy veut estre d'ors-enauant obserué aux pays de Rouergue, Quercy, Commenge, Riuiere Verdun, Agenois, Condomois, Bazadois, Armagnac, & les Lannes, de la Generalité de Guyenne sur la forme des assemblees generales & particulieres, qui se feront annuellement es dictes, Seneschaucees & Iugeries pour l'imposition, assiete

& despartement des deniers de sa Majesté & autres qu'on à accoustume impozer pour les frais desdites assemblees ou affaires d'icelles, lequel reiglement sa Majesté veut & entend estre gardé inuiolablement sans qu'il y puisse estre contreuenu pour quelque cause & occasion que ce soit sur les peines declarees cy apres.

Premierement sa Majesté ordonne que toutes les sommes de deniers portees par les commissions qui seront par elle enuoyees au cōmencemét de chacune annee soint imposees & leuees sans qu'il soit loisible a aucun des susdits suiects, soit en leurs assemblees ou en leur particulier d'y faire ny proposer aucune diminution, retranchement ou retardement, comme aussi elle leur deffend tres-expressement de faire aucunes leuees ny impositiōs soubz quelque

que pretexte,& pour quelque cause & consideration que ce soit sans lettres de sa Majesté, scellees de son grand seau, le tout sur peine de respondre desdites contreuentions par chacun de ceux qui seront trouuez esdites assemblees & de repetition, tant sur les ordonateurs, parties prenantes, que sur leurs vesues & heretiers, & d'estre en outre procedé extraordinairement cõtre eux suiuant la rigueur des ordonnances.

Et pour oster toutes occasions ausdites prouinces, d'entreprendre de faire aucune imposition ny leuee sans expresse permission de sadite Majesté, sera faict estat separé pour chacune desdites Seneschaucees & Iugeries des frais & despenses desdites assemblees, que pour leurs autres frais & affaires communs s'il n'est Iugé plus a propos

de

de faire obseruer ceux qui auront cy-deuãt esté faicts par Maistre Iean Martin Tresorier de France à Bourdeaux, & autorisez par le conseil de sa Majesté, conformement a la respõce faicte le vingt-neufuiesme Nouembre mil six cens neuf, sur les requestes & remostrances des depputez de ladite Prouince.

Pour la leuee & imposition desquels deniers seront lesdites commissions addressees aux Tresoriers de Frãce, auec les lettres closes qui ont accoustumé destre escrites aux Seneschaux leurs lieutenans juge Mage & autres pour conuoquer les estats desdites Seneschaucees de Rouergue, Quercy, Iugeries de Commenge, & Riuiere verdun, & estre procedé au departement desdits deniers, ez Seneschaucees d'Agenois, Condomois, Bazadois, Armagnac, maignac & les Lannes ainſi qu'il eſt accouſtumé.

La conuocation deſdits eſtats & aſſemblées ainſi faicte, seront les commiſſions preſentees à l'aſſemblée de chaſcun deſdits pays, par celuy des Treſoriers de France, qui a ce faire aura eſté commis, lequel s'acheminera ſur les lieux expres pour ceſt effect, & aura pour toutes taxations lxxv. l. en chaſcun deſdits ſieges de Seneſchaucees, & a ceſte fin ſeront commis d'an en an, par le bureau des Treſoriers des Finances, deux Treſoriers pour aſſiſter chacun en quatre deſdits ſieges ſans qu'ils puiſſent ſubdeleguer en leur abſence.

Apres la preſentation d'icelles commiſſions & propoſition faicte eſdites aſſemblees par ledit Treſorier de France, l'impoſition & leuce des ſommes portees par lesdites commissions, sera aussi tost resoluë & arrestee, & le departement faict en la presence du Procureur de sa Majesté, & du Receueur des Tailles, sans qu'il y puisse estre apporté aucune longeur ny diminue aucune chose pour quelque cause & occasion que ce soit.

La susdite assiete des deniers Royaux ainsi dressee & arrestee, sera permis ausdites assemblees de proceder a l'assiete & departement des deniers que sadite Majesté leur aura accordé pour les frais ordinaires & necessaires desdits pays suiuant l'estat qui en sera surce faict & dressé par sa Majesté, laquelle Assiete se fera pareillement en presence desdits officiers de sadite Majesté, ausquels est enjoinct de tenir la main & empecher qu'il ny soit adjousté aucunes sommes, autres que celles contenues renues audit estat, ny qu'il soit faict aucunes autres leuees ny impositions le tout a peine d'en respondre en leur propre & priué nom, & de priuation de leurs charges & offices.

Tous lesquels deniers ainsi imposés & leuez, tant pour le seruice de sa Majesté, que pour les affaires desdits pays, seront receuz par les Receueurs des Tailles desdites Seneschaucees & Iugeries, pour estre par eux les deniers de sadite Majesté, payez de quartier en quartier, en la recepte generale des Finances, auant que payer aucune chose, de ce qui aura esté imposé pour les frais & affaires desdits pays, desquelles sommes imposees & leuees pour les affaires desdits pays, ils feront recepte & despense en leurs comptes, par deux seuls articles, soubs le nom de ceux qui auront esté nommes par lesdits pays pour iceux receuoir, ſans que pour ce ils puiſſent augmenter les frais de la redditiõ de leurſdits comptes, ny que les commis ou nommez par leſdits pays, pour la recepte deſdits deniers, ſoint tenus compter ailleurs pardeuant les gens dudit pays en la forme accouſtumee en ſuiuant la reſponce faicte par ſadite Majeſté, ſur les Requeſtes & remonſtrances des depputez de ladite Prouince, le vingtieme Nouembre mil ſix cens neuf.

Et pour les deniers qui ſeront impoſez pour les affaires particuliers des villes & communautez deſdits pays par permiſſion de ſadite Majeſté, ou par vertu des reiglement ia faicts par ledit Martin, ou qu'il fera cy appres par commiſſion de ſa Majeſté, ne pourront iceux deniers eſtre payez ny aquitez, à ceux a qui ils ſeront ordonnez,

que

que les deniers imposez par sadite Majesté sur lesdites villes & cõmunautés ne soint prealablement payés ausdicts Receueurs des tailles, à peine d'en respondre par les Consuls desdites villes & communautez en leur propre & priué nom.

Et ou il suruiendroit quelque necessité publique soit pour le payement des debtes, reparatiõs d'Eglises, ports chaussees, frais de procez & autres, ausqueles lesdites sommes ne pourront suffire, lesdits pays, villes, & communautez se retirant par deuers le Roy, leur sera pourueu de commission pour leuer telle somme de deniers qu'il sera necessaire pour iceux estre receus par les Receueurs de sa Majesté, & en compter par eux en la Chambre des comptes à Paris.

Pour faciliter la leuee des susdits

deniers qui ſeront impoſez par lettres patentes de ſa Majeſté pour les frais & affaires deſdites Prouinces, ſera mādé aux Receueurs particuliers eſtablis par ſa Majeſté, en chacune d'icelles d'en faire la leuee conioinctement auec ceux de ſadite Majeſté, & auront pour tout droict de recepte trois deniers pour liure, ſans qu'ils puiſſent prendre autres droicts & taxations ſoubs pretexte de quelque attribution qui leur en puiſſe auoir eſté faicté.

Et par ce que les grands frais qui ſe font ordinairemét eſdits eſtats, prouienent principalemét a cauſe qu'en chacune deſdites Senechaucees, Iugeries, regies par eſtats y ſont annuellement appellez grand nombre d'Ecleſiaſtiques, nobles, villes & communautez, leſquels bien ſouuent outre leſdits frais extraordinaires & inutiles apportoint

beaucoup

beaucoup de confusion & desordre, & mesme du preiudice au seruice de sa Majesté, elle veut & ordonne ledit nombre estre retranché & reduit pour chacun desdits pays, selon qu'il est particulierement cy aprez specifié.

Premieremēt pour le pays de Rouergue, seront annuellement appellez les Euesques de Rhodes, & Vabres vn depputé de chacune des trois villes principales & capitales des trois marchez d'icelui, à sçauoir Rhodes, Ville-Frāche, & Millau, & auec eux n'y pourront assister que la moitié de ceux qui ont accoustume d'estre appellez, & assister esdits Estats, en telle sorte qu'ils y entrent a tour alternatifuement, la moitié en vne annee, & l'autre moitié en la suiuante & pour le regard des frais & despences necessaires leur en sera faict estat separé pour estre cy apres suiuy.

Pour

Pour le pays de Quercy, seront annuellement appellez en icelle, l'Euesque de Cahors, vn depputé de chacune des principalles villes & chastellenies dudit pays, à sçauoir Cahors, Montauban, Figeac, & Moyssac, Caylus, Lauzerte, Gourdon, & Moncuq, & outre la moitie de ceux de chacun ordre qui auoint accoustumé d'y assister, pour icelle moitié entrer en ladite assemblee annuellement en telle sorte que chacun y entre de deux en deux ans seulement, & sera pour le surplus mesmes pour le regard des leuees particulieres pour les frais ordinaires, & necessaires suiuy l'estat & reiglement sur ce faict par ledit Martin, le neufuiesme iour de Decembre 1610. confirmé au Conseil du Roy sauf qu'au lieu de douze cens escus qu'il leur auoit ordonné pour les frais de l'assemblee c'est article est cle eſt reduit à deux mil quatre cens liures, attendu la reduction que ſa Majeſté veut eſtre faicte des depputez qui aſſiſtoint cy-deuant en l'aſſemblee deſdits eſtats.

Pour le pays de Commenge, ſera par prouiſion, ſuiuy & obſerué l'ordre qui a eſté preſcript en l'Arreſt donne au conſeil de ſa Majeſté, le dixneufuieme Iuin mil ſix cens huict, tant ſur la forme de l'aſſemblee que ſur les ſommes particulieres qu'il leur eſt permis d'impoſer pour les frais & affaires dudit pays, & ce iuſques a ce que l'eſtat & reiglement faict par ledit Martin, ayant eſté veu au conſeil, il en ayt eſte autrement ordonné.

Pour le pays de Riuiere-verdun, où il y a douze villes & communautez principalles qui ont accouſtumé deputer auſdits eſtats, & d'y enuoyer deux depputez de chacune ne pourront desormais y enuoyer qu'vn depputé de chacun desdits lieux, & pour le regard des sommes qu'ils auront a leuer pour les frais ordinaires & necessaires, sera aussi suiuy le reiglement qui a esté fait par ledit Martin, le dix-huictieme Auril mil six cens vn, sauf qu'au lieu de la somme de mil escus qui leur est ordonnee, tant pour les fraiz de l'assemblee que autres fraiz extraordinaires, sa Majesté la reduite a deux mil quatre cens liures.

Et quant aux prouinces & Seneschaucees d'Agen, Condomois, Bazadois, Armaignac, & les Lãnes, qui n'ont aucunes assemblees d'estats, sa Majesté veut & ordonne que les departemens des sommes portees par les commissions, seront faicts par l'vn des Tresoriers de France qui se trasportera sur les tes lieux ainsi qu'il est dict cy dessus appellez les Procureurs de sa Majesté, & Receueurs qui demeureront responsables de ce qui se passera au prejudice du present reiglement.

Et pour euiter aux plaintes qui se pourront faire sur la forme de l'imposition, & leuees desdits deniers en la Seneschaucee d'Agenois, sa Majesté veut & ordonne que par cy apres le departement s'en faira, à raison de la contenance des iurisdictions & Consulats particuliers dudit pays, & suiuant l'arpentement general qui en a cy deuant esté faict par le sieur de Nets Cõseiller en sa cour des aydes, en execution de l'Arrest de ladite Cour, donné sur la realité des tailles le dixhuictieme iour d'Aoust mil six cens vn.

Et quant aux despences ordinaires & necessaires des villes & communautez qui ont esté ia reiglees seront les reiglemens sur ce faicts par ledit Martin, & confirmees au Conseil suiuis & l'imposition des sommes contenues en iceux, continuees iusques a ce qu'autrement en ait este ordõné par sa Majesté, & pour le regard des autres villes & cõmunautez, ou lesdits reiglemens ont esté faicts sa Majesté leur enioinct de remettre dans six mois l'estat desdites despences, ensemble celuy de leurs debtes pardeuant ledit Martin, pour estre par luy reiglees & verifiees pour le tout rapporté au Conseil, estre ordonné l'imposition qui s'en deura faire ainsi que de raison, le tout cõformemēt a ce qui feust respondu sur les requestes & remonstrances presentees audit Conseil en l'annee derniere, & a ceste fin la commission qui en a esté addressee audit Martin, luy sera cõtinuee ius-

ques

ques a l'entiere perfection desdits estats & reiglemens, & par ce que ce qui apporte encores laugmẽtation des frais desdites assemblees, en prouinces ou il y a estats a la grande foulle & oppression du peuble, sur les taxes excessiues que ceux qui y sont deputez ne font ordonner, sa Majesté deffand à ceux qui seront cy aprez depputez & enuoyez, de prendre plus grandes taxes que celles qui sont cy apres verifiees.

ASSAVOIR,

Aux Euesques par iour, x. l.
A leurs Vicaires Generaux, vj. l.
Aux Abbez, vj. l.
Aux Chappitres Doien & Prieurs, vj. l.
Aux Commandeurs Cheualliers de Malte, vj. l.
Aux Comtes, x. l.

Aux Viſcomtes, x l.

Aux grands Barons, x.l.

Aux autres Seigneurs & Gentils-hommes, vj.l.

Aux Cõnſeils & deputez des principalles villes, v.l.

Aux Conſeils des autres communautes, iiij.l. x.ſ.

Aux Iuges & Procureurs du Roy des Seneſchaucees eſtans hors leur reſidence chacun ſept liures dix ſols, vij.l.x.ſ.

Et eſtant au lieu de leur reſidence, vj.l.

Et ne pourra aucun eſdites aſſemblees de quelque qualité & condition qu'il ſoit, ny pour quelque cauſe & cõſideration que ce ſoit, prendre double & diuerſe taxe, encores qu'il fuſt employé en diuerſes qualitez & pour diuerſes perſonnes,

Comme

Comme aussi ne pourra estre taxé à aucun des susdits que pour six iournees au plus, pour l'aller, venir, ou seiour desdits estats & assemblees.

Ne pourront pareillement aucuns de ceux qui auront esté nommez & depputez, y enuoyer Procureur ny autre pour eux, soubs quelque cause & pretexte que ce soit.

Et pour faire exactement obseruer le present reiglement, speciallement esdites prouinces ou y a estats, sa Majesté veut qu'en la premiere & prochaine assemblee qui se faira desdits estats, que tous ceux qui ont accoustumé d'estre appellés en iceux soint assignez ceste fois seullement, pour entendre la lecture ducit reiglement, & suiuant iceluy resoudre ceux qui y deuoient assister en la premiere & seconde annee, lequel reiglement sera inscript & inseré,

ez

ez registres du Greffier desdits estats, leu & proclamé par chacune annee esdites assemblees, auant que de pouuoir tracter ou parler d'aucuns affaires, a ce que nul n'en pretende cause d'ignorance, & affin que le public ne soit poinct foullé par les frais de ladite assemblee generalle, les appellez comparans en ladite premiere & prochaine assemblee, n'auront pour deffray que la moitié de la taxe cy dessus.

Apres que lesdits estats auront esté assemblez pour faire les departemens & impositions désdits deniers, ne se fairont aucunes autres assemblees en la mesme annee, soit par depputation particulieres ou autrement, ce que sa Majesté leur deffend tres-expressemét sur peine de desobeyssance, & a ceste fin s'ils ont quelques affaires particuliers qui pourront concerner ledit pays

sa

ſa Majeſté leur enioinct de les faire propoſer & reſoudre eſdites aſſemblees generales.

Sa Majeſté faict tres-expreſſes inhibitions & deffances aux recepueurs des tailles de faire aucunes auances de deniers ſur peine d'eſtre punis de la reſtitution d'iceux, cõme auſſi fait deffences à tous ceux qui ſe trouueront eſdites aſſemblees de conſentir ny faire aucunes leuees pour les taxations deſdits Receueurs de plus grand ſomme, que ce qui leur eſt attribué par les ordonnances & Edicts ſur ce faicts, & de ne faire leuees ni impoſitions pour aucuns droicts ou taxations d'autres, ſoubs pretexte de droict de collecte ou autremét enſemble de faire aucuns dons, gratifications, ny rolles de fraiz, ny emprũts, ny auances de deniers pour quelque cauſe & occaſion que ce ſoit, le tout ſur peine de concuſſion & de repetition, ſur les ordonateurs, parties prenantes leurs veſues, heritiers, & ayans cauſe.

Et pour oſter les abus & maluerſations qui ſe ſont comiſes par ceux qui ont eſté cy-deuant employez & nommez en qualité de Collecteurs Generaux, ſa Majeſté conformement aux Arreſts cy-deuant donnez en ſon conſeil, deffend à ceux deſdits pays, de nommer ny commettre eſdites charges de Collecteurs, voulant que les deniers eſtans recueillis en chacune parroiſſe, ou mande ſoint directement mis & apportés entre les mains des Receueurs des tailles porueus par ſa Majeſté.

Ne pourront les Syndics & Procureurs du pays, de chacune deſdites Prouinces, eſtre continües pour plus long

long temps, que pour vn an ou deux au plus, en fin desquels y en sera nommé d'autres, & ne pourront ceux qui seront Syndics prendre aucuns coadiuteurs ny nommer en leur absence ou apres leur demission aucuns qui leur soint parens de pere en fils, ou de frere a frere, d'oncle à nepueu, & cousin germain a cousin.

Comme aussi sont faictes deffences ausdits Syndics, d'intenter aucuns procez qu'ils n'ayent esté premierement deliberez en l'assemblee generale des Estats, ou villes particulieres qui y auront interest, & qu'ils n'ayent esté trouuez iustes & raisonnables par aduis du Conseil.

Faict au conseil du Roy, tenu à Paris la Royne Regente, sa Mere presente, le douzieme iour de Feurier, 1611.

Signé, PHELIPEAVX.

Registrez en la Chambre des Comptes, & ce consentant le Procureur General du Roy, pour estre le contenu en iceux, gardé & obserué, suiuant l'Arrest de ce faict, le neufuieme iour d'Auril mil six cens douze.

Signé, BOVRLON.

CAYER GENERAL DES *plaintes de la Prouince de Guyenne, pour obtenir la suppression des Esleus presenté au Conseil du Roy, le 20 Nouembre 1610. sur lequel c'est ensuiuy l'Edit de Suppression du mois de Feurier 1611.*

AV

AV ROY,

ET NOSSEIGNEVRS de son Conseil.

IRE,

Vos Tres-humbles & tres-obeyssans seruiteurs & subiects, les deppurez de la Prouince de Guyenne, Vous remonstrent tres-humblement que despuis le nouueau establissemét de huict bureaux d'eslections en ladite Prouince, ils n'ont cessé leurs plaintes & supplications tres-humbles enuers le feu Roy de tres-heureuse memoire, pour obtenir la suppression de ces nouuelles Eslections, esperant tousiours qu'à l'imitation de ceste diuine Majesté, la perseuerance eust impetré de sa clemence & debonnaireté naturele a l'endroit de ses subiects, ce que semble auoir esté differé d'octroyer en son commencement a leurs feruentes prieres, Aussi auoint-ils protesté par leurs precedentes requestes de continuer tousiours importunement, & opportunemét ceste tres-humble supplication, tant par leurs depputez que par leurs continuels souspirs & larmes, Mais il semble que le ciel aye permis à nostre tres-grand regret, ceste dilation pour ne combler son regne de toute sorte d'obligations de ses subiects a l'endroit

d'vn

d'vn ſi grand Roy, qui leur auoit donné la paix, & tranquillité publique, & releuez d'vne infinité d'autres charges, que la licence des guerres ciuiles auoit introduit en ce Royaume, il falloit qu'il fuſt reſerué au regne de voſtre Majeſté quelque grande occaſion pour aſtraindre d'autant plus vos ſujets de ceſte Prouince, à continuer leur treshumble ſeruice & fidelité à l'endroit de voſtre Majeſté, que ne peut eſtre par autre meilleur moyen que leur oſtant ce meſcontentement general & oppreſſion publique. La perte & aneantiſſemēt entier de leurs priuileges, franchiſes & libertez que leurs predeceſſeurs auoint acquis, & cōſerué auecque tant de ſoing, par contracts & conuentions faicts lors de la reduction de ceſte Prouince a leur ſeruice ſecouant le ioug eſtrāger, & le reproche de la poſterité enuers

enuers eux, faict redoubler leurs souspirs, considerant que l'establissement de ces nouueaux officiers est la subuersion entiere de leurs priuileges & libertez, ce que leur est d'autant plus insupportable qu'ils n'ont iamais forfaict pour estre chastiez de la punition des peuples rebelles: les Royales promesses que vostre Majesté a fait a ses sujects par son Edict de suppressiō de plusieurs nouueaux officiers & commissions extraordinaires leur donne le courage de recourir à vostre Royale clemence, auec plus d'esperance pour la supplier tres-humblement leur despartir sa justice en cest affaire tres important au bien de vostre seruice & a leur solagement, pour tenir a perpetuel hommage de vos Majestez ce signale benefice.

Les principaux moyens de ceste

tres

tres-juste requeste sont fondez sur ce que par ce nouueau establissemēt d'eslections en Guyenne, tout ce qu'a esté faict par les plus grands hommes de la France lors du reiglement general d'icelle, est tout a faict desreiglé & aneanti, & les loix fondamentales dudit pays de Guyenne entierement subuerties, la confusion en l'imposition & leuee de voz deniers establie, l'oppression & surcharge rendue insupportable a vos subjects, qui outre ce demeurent priuez de leurs anciens priuileges, & formes obseruees par temps immemorial dans ledit pays, quoy qu'ils ne puissent estre blaimés d'infidelité ny deffaut de bonne affection à vostre seruice & de vos predecesseurs Roys, & qu'au contraire ils ce soint en diuers temps & occasions, soustraicts de la dominatiō estrāgere, pour ce remettre & maintenir en l'obeissance de ceste couronne.

Ces considerations & mesmes la priuation de leursdits formes & priuileges, qui n'est ordonnée communement que pour la punition des peuples rebelles font, qu'auec vn iuste ressentiment, ils representent à vostre Majesté, que vos predecesseurs Roys traictans leurs subjects auec toute douceur & clemence Royale, auroint treuué bon que l'assiete & despartement des deniers Royaux fust faicte annuelement par la commune intelligence qui à tousiours esté entre les gens des trois Estats, ez pays ou ils ont accoustumé s'assembler à ces fins & ez autres pays & cõmunautez par le moyen des sieurs Tresoriers de France, leurs subrogez sur les lieux ou autres cõmissaires qu'il plait à vostre Majesté y enuoyer pour cest effect, & puis que cela à esté obser-

ué

ué de tout temps ſans aucune altera-tion, il n'y a raiſon de changer à preſent ces ancienes formes, ny priuer vos ſub-jects de la communication & confe-rence que vos predeceſſeurs Roys leur ont iuſques icy permiſe pour le bien de l'Eſtat, & ſolagemét de voſdits ſujects.

Ce deſpartement à eſté fort facile iuſques à l'inſtallation de ces nouueaux Eſleus, attendeu que les tailles ſont reelles fontieres & prediales audit pays, & ny a ville, village, parroiſſe ou tail-lable que a meſme inſtant qu'il vient a ſa cognoiſſance qu'elles ſommes vo-ſtre Majeſté veut impoſer ſur chaſque recepte ne ſache incontinent a quoy reuient ſa part & portion, attendeu que ledit deſpartement ce fait ſur les vieux & anciens cadaſtres qui ſont dans les archif des principales villes dudit pays, qui contienent le pied de ce que chacune ville, village, parroiſſe, ou taillable peut & doit porter, & pour le regard du departemẽt particulier ſur chacun de vos ſubjects, ce ſont les Conſul. des villes & communautez que y procedent a proportion des biens ruraux que chacun poſſede ſans aucune exception de perſonnes ny qualitez, ſuiuant les cadaſtres anciens contenant le denombrement des biens que chacun tient en l'eſtendue de chaſque parroiſſe, iuriſdiction, & taillable, ce que faict, que l'aſſiete de vos deniers eſt touſjours certaine & eſgale, & ne varie jamais, ſi ce n'eſt lors que l'impoſition augmente ou diminue, & les deniers de voſtre Majeſté, ce leuent auec grande aſſurance & facilité, auecque peu de frais & ſans aucuns non valoirs.

La ſubuerſion & innouation de ces antiennes formes, eſt toute apparanté

par

par lestablissement de ces nouueaux Esleus, en ce que leur fonction n'est autre qu'aprez auoir faict le departement de vos deniers, de cognoistre des appellations & descharges d'vne iurisdiction, & taillable sur vn autre, d'vne ville ou village, sur l'autre, & d'vn particulier à particulier, & a ces fins faire leurs cheuauchees, sans laquelle occupation ils n'auroint rien à faire, & toutesfois en ladite Prouince de Guyenne, cela n'arriue ny ne peut arriuer jamais, veu la certitude qu'il y a au departement qui ce faict sur lesdits anciens cadastres, de sorte que demurant lesdits officiers en leur charge, vos subjects seront insensiblement plongez en infinis procez, contentions & chicanes, qui ne se peuuent facilement appaiser, & qui leur apporte plus de foule que l'imposition de vos deniers, comme il ce praticque ez lieux ou les tailles ſont perſoneles ou mixtes, & ou les Eſleus ſont eſtablis de long temps, au lieu que la realité des tailles que de tout temps à eſté inuiolablement gardée en ceſte Prouince, leur oſte toute la ſemence de contention & procez , & par ce moyen eſt eſpargné vne ſeconde taille que les Eſleus arracheront des mains de vos ſubjects.

Et bien qu'ils croyent que l'intention de voſtre Majeſté, n'eſt point de vouloir changer & innouer la nature des tailles , toutesfois c'eſt vne choſe du tout incompatible & inouye de la memoire de nos peres, d'entretenir les Eſleus en vn pays ou les tailles ſont reelles & prediales parce qu'ils y ſeroint du tout inutiles, & ne ſont qu'à tres grand foule & oppreſſion à vos ſubjects, & ne peut eſtre autrement

qu'en

qu'en fin ils ne les rendent personeles ou mixtes.

D'ailleurs les gages, droicts de cheuauchees, verificatiõ de rolles & autres excessifs, droicts qu'ils taxent à leur discretion, & pour la verification des assietes & impositions qui ce font pour les affaires des communautez, reuiennent tous les ans sur chasque senechaucee, ou recepte à plus de huict mil liures, à cause qu'au lieu de prendre le droict de verification de roolles qui ne leur pourroit estre attribué que pour vn seul droict de roolle, ne s'en faisant qu'vn en chacune communauté, & taillable pour toute nature de deniers, ils multipliēt lesdits droicts selon le nombre & nature de deniers, & leuent autant de droicts de rolles qu'il y a de nature de deniers, & en plusieurs desdites receptes ou il y a diuerses parroisses

ſes ſoubs vn meſme taillable, auquel ny a qu'vn rolle de taille encore qu'ils ne veriffient qu'vn ſeul rolle, ils prennent neantmoins autant de droicts de veriffication qu'il y a de parroiſſes ſoubs ledit taillable, & en outre les fraix extraordinaires & inacouſtumez qui ce ſont par les Conſuls & communautez, pour faire dreſſer ces rolles à la fantaſie deſdits Eſleus, iceux porter, preſéter, & verifier, montent plus de ſix mil' liures, que ſont pour chaſque Eſlection plus de quatorſe mil' liures, reuenant pour leſdites huict nouuelles Eſlections à ſix vingts mil liures ou enuiron, leſquelles ſommes vos ſubjects portent plus que de couſtume, ſans qu'il en reuienne aucun profit ny commodité à voſtre Majeſté : & iaçoit que l'on die que voſtre Majeſté entend que les gages deſdits officiers ſoint prins de ſes deniers,

iers, il eſt n'eantmoins certain qu'ils ce tirent de la bourſe de vos ſubjects qui eſt touſiours ouuerte pour ſubuenir à la neceſſité des affaires de voſtre Majeſté, bien que quand ainſin ſeroit c'eſt l'intereſt du public que vos finances ne ſoient diminuees par ces officiers inutiles.

Et entre les charges, que voſdits ſubjects reſſentent parmy pluſieurs autres, il y en a deux, l'vne qui concerne la leuee de vos deniers, car comme cideuant les rolles des tailles de chaſque iuriſdiction, feuſſent ſignez de vos juges & bailifs ſur les lieux ſans aucuns frais, vos pauures ſubjects ſont conſtrainćts à la rigueur de l'hiuer, & lors que les neiges ont couuert les montaignes, eſquelles la plus part de ladite Prouince de Guyenne eſt enclauee, aller ez villes ordonnees eſdićts Eſleus pour faire la verification susdite à grãds fraix dommages & interests, que les pauures artisans & villageois commis à la leuee de vos deniers souffrent par ce moyen pẽdant douse ou quinze journees plus ou moins, & arriue souuent que lesdits frais & despens montent autant ou plus que le principal de la taille de tout vn village, ou au contraire par la forme anciene il n'est besoing sortir des bourgs pour ce presenter à vos officiers anciens, & proceder tout soudain à la leuee de vos deniers.

L'autre charge & inconuenient qui arriue par ce moyen desdits Esleus, est, que à present que la iustice de vos aydes & tailles est eclipsee à vos iuges & Senechaux, sur le moindre refus de payement, & ordinairement pour fort petite somme, les pauures collecteurs sont constraincts auancer leur bien propre,

pre, pour aller mandier la iustice a deux ou trois iournees de leurs domiciles, laquelle ils soloient auoir à leurs portes & sommairement sans aucuns frais, de mesme en est-il pour les descharges des tailles entre vos subiects, qui se souloint faire sur les libres & cadastres sommairement deuant les Consuls, & a present ne se peuuent faire sans former instance deuant lesdits Esleus, auec grand longueur, taxations de frais & espices a leur discretion.

Et quand il n'y auroit autre raison que la haine que vos subiects de ladite Prouince ont porté de tout temps a tels offices d'Esleus, comme ayant ceste ferme croyance qu'ils ne peuuent subsister sans changer & renuerser leurs ancienes formes & priuileges, cella seul doit esmouuoir vostre Majesté leur accorder ceste tres-humble requeste:

Car il est vray qu'il y a des offices mal-encontreux en certains lieux qui peuuent estre receuables en autres, cõme il y a de fruicts tres-bons & salutaires soubs vn climat, que neantmoins soubs vn autre sont fort nuisibles & dommageables, tels sont les Esleus au pays de Guyenne ou ils ne peuuent seruir que de despence, & desordre, & renuersement entier des loix fundamentales de ceste Prouince.

Les pretextes que les auteurs & fauteurs desdites nouueles Eslections ont prins, que vostre Majesté seroit mieux obeïe, vos deniers mieux payez, & qu'ils corrigeroient les abus & desordres des leuees extraordinaires qu'on a mis en auant, ce faire dans ledit pays, par les Consuls & communautez pour leur profit particulier, sans authorité de vostre Majesté, sont iniurieux à vosdits subjects.

Car

Car ceux qui prenent ce pretexte pour colorer ledit establissement sont mal informez de l'estat & qualité de vosdits subjects & de leurs actions, & ne devroint en faisant semblant de procurer le bien de vostre seruice interesser l'honneur de vos subjects, ny reuocquer en doubte la tres humble affection qu'ils ont tousiours eu a ceste coronne, en quoy ils n'ont jamais cedé ny ne cederont a aucuns autres vos sujects, employant pour tesmoignage de ce l'obeissance qu'ils ont rendeue en l'establissement desdits Esleus, lequel jaçoit qu'il leur soit fort onereux, ils ont supporté auec toute patience pour ne donner aucune mauuaise impression contre eux, soubs l'esperance qu'ils ont eu que le temps feroit cognoistre à vostre Majesté l'importance de ce changement & inclineroit a leur juste requeste, car aussi ce sont eux qui ont le plus grand interest à la conseruation de cest Estat, & a ce que vostre Majesté soit bien obeye & recogneue, & pour ce sentent de plus pres & aprehendent plus que tous autres le bien ou le mal qui peut arriuer du susdit establissement.

Quand à la correction des abus pretendeus, vostre Majesté verra s'il luy plaict, que l'authorité desdits Esleus y est moins vtile que necessaire, pour autant que les gens des Estats dudit pays ne peuuent recognoistre tels officiers & prendre reiglement d'eux, ains de vostre dite Majesté laquelle c'est expressement reseruée la cognoissance de tels reiglemens & icelle interdite à toutes Cours & Iuges de ce Royaume, & pource ils n'ont jamais refuzé voire ce sont soubsmis a vostre Majesté pour cest

ceſt effect, l'ayant tres humblemẽt ſuppliee d'y pouruoir & eſtablir audit pays tel ordre qu'il luy plairroit, ſoit pour la forme des aſſemblees des Eſtats & communautez, que pour les frais & deſpences extraordinaires & ineuitables qu'il leur conuient faire annuelement.

Ne pouuant faire conſequence les abus & impoſitions extraordinaires, qui ont eſté faictes ſur vos ſubjects pendant les troubles & guerres ciuiles de ce Royaume. Car il eſt notoire que ces deſordres ont eſté generaux, & cauſés par la trop grande licence que les guerres ont dõné aux Gouuerneurs & chefs des partis : auſquels deſordres & desbauches il ſemble que le ciel a conſenti pour remarquer la valeur & generoſité du feu Roy de tres-heureuſe memoire, ainſi que nous voyons que la folie des vns eſt le ſubject de la gloi-

re

re des autres, Mais ce grand mal que vosdits subjects ont souffert ne leur doit tourner a reproche, d'autant qu'il leur en est arriué ce que communement aduient au corps humain sur la fin d'vne grande maladie, laquelle ne le delaisse jamais sans quelque relicqua, ou bien comme il aduient lors d'vne grande inondation des eaux laquelle laisse les terres innondees, partie pierreuses, partie sablees & bien souuent tellement ruynees qu'elles en sont pour jamais infertiles, aussi vosdits subjects ce ressentent encore desdits desordres qui ont touts rejalli sur eux, joinct que quād il en y auroit eu d'auantage ce auroit esté seulement quelque particulier qui s'en seroit preualeu pour lequel il n'est raisonnable que tant de peuple innocent & incoulpable payast vne si dure amande.

Mais

Mais depuis qu'il a pleu à Dieu nous dõner la paix par la valeur du feu Roy, il est aize a voir que lesdits desordres ont prins fin n'ayant esté faict imposition aucune par dessus vos deniers que pour reparations publicques, ponts, chemins, passages, entretenemens des Vniuersités, Colleges, Escolles, payemens de gages de vos officiers, frais des procez que lesdits communautez ont eu pour ce maintenir en la realité de vos tailles, payement de debtes contractés pendant les troubles, ou autres affaires necessaires & ineuitables, toutes lesquelles impositions on à faictes les plus petites qu'il à esté possible, par ce qu'estant vos subjects tant de l'Eglise que Noblesse & tiers Estat contribuables au payement de toutes impositions pour raison des biens ruraux qu'ils possedent, & estant le pied desſdites impoſitions certain & immuable tout le monde voit ſi clair auſdictes impoſitions pour le notable intereſt qu'on y a qu'il ne ce peut faire qu'il y ayt aucunes ſurcharges par ce que ceſt le commun veu & la naturelle inclination d'vn chacun de fuyr les charges & s'il y euſt eu des exces on ne l'euſt tolleré & n'euſt demuré impuny iuſques à preſent, car vos cours de Parlement, Seneſchaux, & autres vos officiers dont il y a grand nombre dans ledit pays qui eſpient aſſes ſoigneuſement les actions deſdites communautez euſſent bien vze de leur pouuoir pour reprimer leſdits abus.

Ce qu'ayant eſté tres-bien recogneu par vos predeceſſeurs Roys, apres auoir faict par diuerſes fois meurement conſiderer l'importance des ſuſdites innouations, alterations ſurcharges

ges & autres inconueniens que l'establissement desdits Esleus apportoint audit pays, auroint pour grandes considerations preiugé la necessité de la suppression d'iceux, laquelle ils auroint ordonné par diuers Edicts, en remboursant par vosdicts subiects la finance a laquelle lesdits offices auoint esté taxés, d'autant que leursdites Maiestés auoint erigé lesdits offices plus pour la necessité de leurs affaires, & subuenir aux despences de guerre qu'ils auoint pour lors sur les bras, que non pour l'vtilité & commodité qu'ils attendissent desdits Esleus.

Le Roy François premier, les auroit erigez pour ce subiect par deux diuerses fois, Mais incontinent les auroit supprimés moyennãt les sommes qu'il auroit imposé sur son peuple, pour subuenir aux frais des affaires vrgens qu'il auoit ſur les bras, voulant par ſes Edicts, que l'ordre ancien obſerue audit pays, ſur la cottiſation & leuee de ſes deniers y fuſt inuiolablement gardé : Le Roy Henry ſecond par ſon Edict du mois d'Auril mil cinq cens quarante huict, effectuant en cella la volonté de ſon pere cõfirma ladite ſuppreſſiõ, moyennant la ſomme de quatorſe mil' ſix cens cinquante liures, & en l'annee mil cinq cens cinquante quatre, le meſme Roy auroit de rechef erigé leſdicts Eſleus, & auſſi-toſt ſupprimés par ſon Edict du mois de Mars mil cinq cens cinquante cinq, deſpuis le Roy Henry troiſieſme, ſupprima vne pareille creation d'Eſleus par ſon Edict de l'an mil cinq cens ſeptante ſept, & de rechef en l'an mil cinq cens huictante deux, de l'aduis de la feu Royne ſa Mere, ſuffiſamment informee ſur

sur les lieux de l'inutilité desdits Esleus, & de la surcharge qu'ils portoint aux finances du Roy, & a son peuple auroit faict vne tres-ample suppression desdictes eslections, moyennant la somme de soixante dix mil escus, & encores particulierement en l'an mil cinq cens nonante sept, le feu Roy auroit supprimé vne particuliere Eslection qu'on pretendoit establir au pays de Rouergue, portant confirmation de tous leurs priuileges, en faueur de laquelle fust finance dix-huict mil escus par ledict pays, toutes lesdites suppressions verifiees aux Cours des Parlemens, Cours des aydes, & Chambre des Comptes, fondees sur les plaintes & clameurs du peuple, & sur les priuileges dudit pays de Guyenne & inutilité desdicts officiers, voulant leursdites Majestés par les susdicts Edicts en termes exprés que l'ancien ordre de tout téps obser-ué sur la cottisatiõ & leuee de leurs deniers comme le plus iuste & plausible fust obserué audit pays.

A toutes ces considerations plairra à vostre Majesté adjouster qu'elle ne faict à present que sortir de paracheuer ceste sacree ceremonie de son sacre & coronnement, ou elle à abondament eslargi les tresors de sa clemence & liberalité, à l'endroit de ses particuliers subjects & solennelemét juré de maintenir & conseruer les priuileges de son peuple, & que le Languedoc, la Prouence, le Dauphiné, la Bourgogne, la Bretaigne, & plusieurs autres Prouinces de ce Royaume, subsistent en leurs priuileges & pays d'Estats, sans qu'il y ayt tant soit peu d'alteration, & la seule Guyenne qui ne cede à nulle autre en fidelité & obeyssance, restera priuee de de ce general contentement, de ce voir restituer en son anciene splendeur sans auoir forfaict ny failly contre le seruice de son Roy.

Et d'autant que vosdicts subjects, ne peuuent aucunement compatir auec lesdicts Esleus, & qu'ils ont esperé que leur obeyssance disposeroit vostredite Majesté à l'interinement de leur juste requeste, & que le meilleur remede qu'ils puissent excogiter pour ce guerentir desdictes innouations, ruines, oppressions, & autres inconueniens qui leur sont imminens & esuiter les grandes charges & difficultés qu'ils apportent à vosdites finances, c'est la suppression laquelle ils ne cesseront jamais de continuer de vous demander importunement & opportunement, tant par leurs depputés, que par leurs continuels souspirs & larmes.

A ces

A ces causes, Sire, supplient tres-humblement vostre dite Majesté, incliner à leurs iustes supplications, & imitant en justice vos predecesseurs Roys, & esperant que Dieu vous faira la grace de les surpasser en pieté & clemence, leur accorder & octroyer ladite suppression, & les maintenir en leurs anciens priuileges, & en l'Estat & forme par eux accoustumé en l'imposition, departement & leuee de vos deniers, offrant à l'effaict de ladite suppression rembourser les officiers desdites Eslections de la finance qu'ils ont actuelement payee en vos parties casueles sans fraude ny deguisement, & neantmoins subir pour l'aduenir tels reiglemens qu'il plairra à vostre dite Majesté en ordonner, & les supplians de plus en plus dresseront leurs vœux & prieres au ciel pour la santé & prosperité de vos Majestés.

I. P. DE LVSSAN. depputé General.

B. DE CORNEILHAN, Euesque de Nicopoly coadiuteur & futur successeur en l'Euesché de Rhodes.

FRERE HIER. Euesque de Coserans.

COMMENGE,

TAVRIGNAN, Syndic de la Noblesse de Comége.

VERDVSAN depputé d'Armagnac.

SAINTEGEME Depputé d'Armagnac.

HERSAN depputé de Rouergue.

DE VASCONIA depputé de Comenge.

VILLEMON depputé d'Agenois.

G. LESCAZES, Syndic & depputé d'Agenois.

ROQVADE depputé par le pays de Comenge.

LA CROIX Syndic de Quercy.

SALAT depputé des Aydes d'Agenois.

SAIGE depputé de Condomois & pour les Lannes

G. LA CROIX depputé de Quercy.

LA BRVGVIERE depputé d'Armagnac.

TOVZIN, depputé de Condomois.

Bortard depputé de Riuiereverdun

EXTRAICT DES QVATRE ARTICLES DV CAYER des remonstrances des depputez de Guyenne, respondeues au Conseil du Roy le 21. Nouembre 1609. Signé de Flecelles mentionnés ez susdits reiglemens.

Article XIX.

ET à fin que vostre dite Majesté recognoisse qu'ils requierent ladite suppressiõ pour le bien de son seruice & soulagement de ses subjects, & non pour abuser desdits priuileges, ils la supplient tres-humblement leur ordonner & prescrire telle forme, ordre & reglement qu'il luy plairra pour lesdites assemblees, frais d'icelles & autres despen despences necessaires & ineuitables, si mieux vostredite Majesté n'ayme ordonner, que les reiglemens & estats à ces fins faicts & dressez par ledit Sieur Martin Tresorier de Frãce à Bordeaux, Commissaire deputé pour la reduction & estimation des susdictes despences ordinaires & ineuitables en plusieurs Prouinces, villes & communautez dudit pays de Guyenne, par luy raportés au Conseil, & confirmez par prouisions de vostre dite Majesté, sortirõt à effect, enjoignant aux Tresoriers de France, ou autres vos iuges iceux faire obseruer & entretenir.

Responce.

Les reiglemens faicts par ledit Martin Tresorier de France, en vertu de la Commission qu'il à eu de sa Majesté, seront exactement gardez, sans qu'il y soit contreuenu.

Article XX.

Et pour le regard des autres prouinces, villes & communautez ou le susdit reiglement n'aura esté faict commettre les Seneschaux d'icelles ou leurs Lieutenans, pour proceder à l'estat & reiglement de leursdites despences appellé le Procureur du Roy, pour y estre eu tel esgard cõme a ceux qui ont esté faicts par ledit de Martin, validant cependãt & approuuant toutes les impositions & leuees que iusques à present ont esté faictes esdits pays de Guyenne, tant en vertu des susdits reiglemens que autrement iaçoit qu'il n'y ayt expresse prouision de vostre Maiesté, attendeu que le tout a esté faict de l'expres consentement de vosdits subjects, pour le bien de vostre seruice & soulagement, & que par Arrests de vostredit Conseil, mesmes par celuy du quatorsieme Iuillet mil six cens sept, lesdits reiglemens ont esté auctorisez.

Article XXI.

Et

Et d'autant que outre les susdites despences ordinaires & ineuitables suruiennent plusieurs importans affaires ausdites villes & communautez, comme sont reparations de murailles, ponts & passages, chemins & frais de procez, ausquels ils n'ont moyen de pouruoir ny se secourir de plus propres moyens en leur extrémes necessitez, à cause des deffences que vostre dite Majesté leur à faictes de cy apres imposer aucunes sommes de deniers sans expresse permission d'icelle, & obtenir a cest effect, lettres d'assiete & a tous iuges de ne leur octroyer ladite permission sur certaines & grandes peines d'ou s'en sont ensuiuis plusieurs incōueniens, & en pourroient suruenir d'auantage. A ces causes ils supplient tres humblement vostre dite Majesté permettre ausdites villes & communautez, conformement à pluſieurs autres du preſent Royaume, d'aſſeoir & impoſer annuellement ſur eux pour leurſdits affaires extraordinaires, ſçauoir, les villes capitales cinq cens eſcus, les moyẽnes trois cẽs eſcus, & les petites villes & cõmunautez cent eſcus, ou telles autres ſommes au deſſoubz qui ſeront deliberees aux aſſemblees publicques & accouſtumees eſtre faictes auſdites villes, ſans pour ce obtenir autres lettres ny prouiſions de voſtre dite Majeſté.

Responſe.

Sa Majeſté veut qu'il ſoit dreſsé par ledit Martin, ou en ſon abſence par vn autre Treſorier de France, qui ſera commis & depputé par le bureau des Treſoriers de France en Guyenne eſtat de la deſpence ordinaire qu'il iugera neceſſaire en chacune deſdites villes, & faire le ſemblable pour leurs debtes pour eſtre leſdits eſtats enuoyez au Conſeil, & iceux veus en eſtre ordonné par ſa Majeſté, quant aux leuees faictes ſuiuant leſdits reiglemens ou autre confirmez par ſadite Majeſté en ſon Conſeil; elle n'entend que leſdites villes & communautez en comptent ailleurs, que pardeuant ceux qui ſeront commis & depputez par icelles a ceſt effect, & pour les autres leuees faictes ſans commiſſion du grand ſeau, en compteront par eſtat pardeuant leſdits Treſoriers de France; leſquels les ayant verifiez les enuoieront audit

Conſeil,

Conseil, pour sur iceux estre ordonné par sadite Majesté, ce que de raison, laquelle faict tres-expresses deffences de faire aucune leuee de deniers audit pays, sans commission controrollee & seellee du grand seau pour quelque cause & occasion que ce soit, & s'il suruient quelque despence extraordinaire pour reparations de murailles edifices publics & autres semblables, se retireront pardeuers sadite Majesté qui leur pouruoira de lettres d'assiette à ceste fin.

Article XXII.

Et ayant esgard à ce que lesdites villes & communautez n'ont jamais compté d'aucuns deniers d'octroy ny autres sur eux imposez pour leursdicts affaires, ailleurs que en leurs assemblees publicques, suiuant les anciennes coustumes & les priuileges qui à ces fins leur ont esté octroyez & concedez par vos predecesseurs Roys, & que au preiudice de leursdits priuileges & coustumes, ils sont annuellement molestez, par les Huissiers de la Chambre des Comptes à la requeste du Procureur General de ladite Chambre, pour compter desdits deniers ce que s'ils estoint tenus faire, ils seront constituez en vne notable despence, laquelle le plus souuent excederoit la comodité qu'ils resentent desdits priuileges. A ces causes il plairra à vostre dite Majesté, ordõner que lesdits habitans demeurerõt entierement deschargez de compter en ladite Chambre, en comptãt à leursdites communautez, & en la forme accoustumee, faisant inhibitions & deffences à ladite Chambre de cy apres les vexer ou molester pour raison de ce, imposant silence pour raison de ce, à vostre Procureur General en icelle.

Response.

Compteront de leurs deniers d'octroy en la Chambre des Comptes de six en six ans, laquelle ne prendra pour ses espices plus grande somme que ce qui est accoustumé & attribué pour le compte d'vne seule annee.

www.ingramcontent.com/pod-product-compliance
Ingram Content Group UK Ltd.
Pitfield, Milton Keynes, MK11 3LW, UK
UKHW020937180726
13838UKWH00003B/1004

9 782329 287614